Warten auf den Frühling (Hasenbaum)

Von der Baumspitze bis zum Stamm einen Astzwischenraum nach dem anderen herausschneiden. Es folgen die beiden Hasen, der Rasen, der Rahmen und die nach unten hin abschließenden Bögen. Hasen und Astwerk evtl. mit der Nagelschere korrigieren.

Fuchsien und Schmetterlinge

(Abb. siehe Seite 1)

Alle kleinen Einzelflächen in beliebiger Reihenfolge herausschneiden. Am besten von der kleinsten zur größten Fläche arbeiten. Die Rundungen mit der Nagelschere nachschneiden. Schmetterlinge und Fuchsienblüten mit rotem und weißem Transparentpapier hinterkleben.

Armin Täubner

Fensterbilder

filigran

Beim Schneiden mit dem Messer wölben sich die Schnittkanten leicht nach oben bzw. unten. Mit dem Fingernagel lassen sich diese Kanten problemlos glätten. Grundsätzlich muß bis zum Schluß ein etwa 1 cm breiter Rand stehenbleiben. Er verleiht dem Bild, solange daran gearbeitet wird, Stabilität und erleichtert das Ausschneiden erheblich.
Sind alle Innenschnitte erfolgt, kann der Rand mit Schere, Messer oder Nagelschere nachgeschnitten werden. Mit der Nagelschere werden auch runde Innenschnitte korrigiert.

Löcher ausstanzen

Löcher werden mit der Lochzange ausgestanzt. Notwendig ist eine zusätzliche Kartonunterlage, um einen sauberen Rand zu erzielen. Rund um das ausgestanzte Loch entstehen oft kleine Falten, wenn hier die Kartonfläche zu knapp bemessen wurde. Schneiden Sie deshalb den betreffenden Bereich nur grob aus und stanzen das Loch aus, bevor Sie dieses Teil exakt ausschneiden.

Aufhängelöcher

Aufhängelöcher werden je nach Breite des Rahmens entweder mit der Lochzange ausgestanzt oder mit der Vorstechnadel (Ahle), einer Radiernadel oder einem Körner aus dem Werkzeugkasten eingestochen.

Das Übertragen des Motivs

Auf die Motivvorlage weißes Transparentpapier legen und mit Büro-, Wäscheklammern oder Klebefilm fixieren. Mit spitzem Bleistift (HB), Lineal und Zirkel die Konturen nachzeichnen. Nun ist die Schablone fertig. Auf den entsprechend zugeschnittenen Tonkarton ein Kohlepapier (beschichtete Seite nach unten) und darüber die Schablone legen. Alle Blätter an den Rändern mit Büro- oder Heftklammern fest aufeinander fixieren, damit sie nicht verrutschen können. Das Motiv mit Kugelschreiber oder feinem Filzstift nachzeichnen. Man muß dabei sehr konzentriert arbeiten, denn Korrekturen bleiben als Kohlepapierabdruck später auf dem Karton zurück und lassen sich kaum spurlos entfernen.

Das Ausschneiden

Der überwiegende Teil der Schneidearbeiten wird mit dem Cutter oder Bastelmesser ausgeführt. Diese Messer haben verschiebbare Klingen. Ist die Spitze der Klinge, mit der ausschließlich geschnitten wird, stumpf, wird sie einfach abgebrochen und die Klinge nachgeschoben. Mit dieser Klinge können exakte Schnitte an den für Scheren schwer oder gar nicht zugänglichen Stellen ausgeführt werden. Das Messer halten Sie beim Schneiden wie einen Füllfederhalter oder einen Kugelschreiber. Vorher müssen Sie allerdings unter den Tonkarton eine Schneideunterlage aus Holz oder Karton legen. Ist die Unterlage durch viele Schnitte zerfurcht, sollte sie ausgewechselt werden, weil sonst die Klinge beim Schneiden evtl. abgelenkt wird.

Der Frühling ist da! *(Abb. rechts)* ▷

Sämtliche Blütenmitten ausstanzen. Nun die Blütenzweige und Vögel ausschneiden. Zuletzt ist auch Platz für die Lochzange, um die Vogelaugen auszustanzen.

Ein Herz und eine Seele (Eulenpärchen)

Herz:
Beim Ausschneiden von links nach rechts oder umgekehrt arbeiten, d.h. zuerst ein Aststück im Herzbogen, dann den zentralen Bereich, das gegenüberliegende Aststück und die Dreieckform unterhalb des quer verlaufenden Astes.

Eulen:
Die Eulen grob ausschneiden. Die Augen und Schnäbel ausstanzen bzw. ausschneiden. Es folgen die geschwungenen Flügelschlitze. Das Gefieder durch kurze Schnitte andeuten. Und anschließend die Eulen exakt ausschneiden.

Hahn unterm Blütenbogen

Beim Ausschneiden oben zwischen den Blüten beginnen. Nun die große Fläche zwischen den Blüten und dem Hahn entfernen.

Schwanz und Flügelfedern herausarbeiten. Die restlichen Flächen herausschneiden. Mit der Lochzange das Auge ausstanzen.

Tanzende Hasen zwischen Tulpen

Bei diesem Bild braucht keine bestimmte Reihenfolge beim Ausschneiden beachtet zu werden. Das Bild ist stabil genug, auch wenn Teile ausgeschnitten sind. Rundungen mit der Nagelschere nachschneiden. Hasenaugen mit der Vorstechnadel einstechen. Den Umriß mit der Schere nachschneiden.

Tulpenbouquet

Vom Zentrum aus nach oben bzw. unten arbeiten. Anschließend die Randfacetten ausschneiden. Tulpenblüten und Vase mit rotem Transparentpapier hinterkleben. Die Rückseite des Bildes vollständig mit weißem Transparentpapier bekleben.

Blauer Vogel im Käfig

Die tropfenförmigen Federn sowie Brust und Flügel herausschneiden. Nun von einer Seite zur anderen Fläche für Fläche herausarbeiten. Den Kopf zuerst nur grob ausschneiden, das Auge ausstanzen und anschließend den Kopf exakt nachschneiden.

Pfauenhaus

Die Pfauen grob ausschneiden, die Augen ausstanzen und dann eine der keulenförmigen Federn neben der anderen herausschneiden. Es folgen die Flügel, bevor der Umriß, beispielsweise mit der Nagelschere, nachgeschnitten wird.

Glockenblumen

Von einer Seite zur anderen Fläche für Fläche herausschneiden. Stets eine direkt danebenliegende Fläche wählen. Runde Formen mit der Nagelschere beschneiden. Das Bild kann mit weißem Transparentpapier hinterklebt werden.

Futterhäuschen im Winter

Zunächst einen Baum vollständig herausarbeiten, dabei mit den Verbindungsstellen zum Rahmen beginnen. Nun folgt der Mittelbereich mit dem Futterhäuschen und anschließend der zweite Baum. Den Rahmen, an einer Stelle beginnend, rundum gestalten. Feinkorrekturen mit der Nagelschere vornehmen.

Katzenpärchen ▷

Zuerst die vier schmalen Flächen herausschneiden, die sich zwischen den beiden Wolken und der Umrahmung befinden. Es folgen die Gestirne. Nun den Rest der Wolken, abgesehen von den Verbindungsstellen zum Rahmen, freilegen. Schließlich die Katzen und zuletzt den Rahmen ausschneiden.

Nistkasten mit hungrigem Nachwuchs

Den oberen Bereich des Nistkastens grob freilegen und mit der Lochzange den Jungvögeln kleine Augen stanzen. Für die Altvögelaugen einen größeren Bolzen verwenden. Nistkasten, Alt- und Jungvögel exakt ausschneiden. Gefieder, Holzmaserung und Nest durch kleine Schnitte andeuten.

Spielende Engel

Die Zwischenräume der drei obersten Wolken herausschneiden. Jetzt die innere Kontur der Wolken herausarbeiten. Es folgt der untere Außenumriß dieser Wolken. Die Wolke samt dem darauf stehenden Engel und Stern ausschneiden. Weiter geht es mit den drei Engeln und dem Mond sowie den dahinterliegenden Wolken. Erst jetzt den inneren Rand nachziehen. Den Rahmen vorsichtig mit der Schere ausschneiden. Die Wolken mit weißem Transparentpapier hinterkleben.

Weihnachtsfenster

Die Sterne zuerst herausschneiden. Von der Fensterspitze nach unten hin Fensterfläche für Fensterfläche freilegen. Zum Schluß eine Aufhängeöse einstechen.

Flötenspielende Engel

Zunächst von oben bis zu den beiden großen Sternen Fach für Fach ausschneiden. Anschließend nur von links nach rechts bzw. umgekehrt arbeiten.

Zuerst die beiden Elfen ausschneiden. Nun die große Fläche in der Bildmitte herausschneiden. Ist dies geschehen, von der Mitte zum Rahmen hin die kleineren Flächen herausarbeiten.

Die gerundeten Binnenformen evtl. mit der Nagelschere nachschneiden. Mit weißem und rotem Transparentpapier Elfen, Blüten und Schnecke hinterkleben. Zuletzt ein Aufhängeloch einstechen.

Glucke mit Küken

Mit dem Ausstanzen des Auges beginnen. Die Umrisse der Küken der obersten Etage freilegen. Nun kann die brütende Glucke mit den restlichen Küken ausgeschnitten werden. Die Schwanzfedern und Flügel der Glucke mit insgesamt vier Schnitten andeuten. Die darunterliegenden Flächen , von einer Seite zur anderen, Stück für Stück, herausschneiden. Augen und Aufhängeloch einstechen.

Liebespaar

Das Bild grob ausschneiden, daß ringsum ein mindestens 1 cm breiter Rand stehenbleibt. Die Astzwischenräume der Bäume und die Bank herausarbeiten. Es folgen die restlichen Flächen zwischen Gras und Himmel, bevor die zaunartigen Zierleisten am oberen und unteren Bildrand freigelegt werden. Nun den Bildrahmen mit der Schere auf 0,4 cm zurückschneiden. Aus rotem Karton das Liebespaar und die Blüten ausschneiden und aufkleben.

Vogelbaum

Nachdem das feine Astwerk freigelegt ist, können die vier großen Flächen, in denen später die Vögel plaziert werden, herausgeschnitten werden. Den Umriß des Baumes mit der Schere nachschneiden. Für die Vögel und das Nest einen andersfarbigen Karton verwenden. Vor dem Ausschneiden die Augen ausstanzen. Aufhängelöcher am Baum und an den Vögeln einstechen. Das Nest mit dem brütenden Vogel auf Vorder- und Rückseite deckungsgleich ankleben.

◁ Igel unterm Apfelbaum

Beim Herausschneiden der Innenflächen ist keine bestimmte Reihenfolge zu beachten.
Die Igel zunächst nur grob ausschneiden, die Augen ausstanzen und schließlich die Igel exakt ausschneiden.
Den Baum mit Äpfeln bekleben.

Hinweis:
Der untere Teil des Bildes ist nur die Wiederspiegelung des oberen Teiles.

Küken zwischen ▷ Schneeglöckchen

Zuerst die große Fläche in der Mitte und dann die Fläche zwischen den beiden Ringen herausschneiden.

Kugelbäumchen unterm Rosenspalier

(Abbildung siehe Seite 24)

Wer sich an dieses Fensterbild wagt, sollte schon einige Übung mit dem Messer haben. Am besten beginnt man mit dem Schneiden am unteren Ende des linken oder rechten Rosenstocks und legt dann den mittleren Rosenstock frei. Nun kann der dazwischenliegende Zaun samt dem Kugelbäumchen herausgearbeitet werden. Anschließend die andere Bildhälfte ausschneiden. Beidseitig und dekkungsgleich die gelben Blumentöpfe und Schleifen sowie die weißen Zierbänder an den Töpfen aufkleben. Gelbe Blüten und Schmetterlinge anbringen.

TOPP 1267 frech-verlag